<그리스도인이면 꼭 알아야 할 성경 지식>

휴거를 대비하라

서울솔로몬학교 성경연수원

차 례

이 책에 인용된 성경 구절은 〈한글킹제임스성경〉입니다.

제1과
그리스도인이 환란을 통과하지 않는 이유

『그러므로 이제 그의 피로 의롭게 되었으니 더욱더 우리가 그를 통하여 진노로부터 구원받게 되리라』(롬 5:9).

시신에 집착하는 사람들

예로부터 세상 "유명 인사들"의 시신들은 수난의 대상이었다. 파헤쳐진 무덤에 시신이 도난당하거나 쪼개지거나 불태워졌고, 매매되고 수집되고 연구 대상으로 해부대에 오르기도 했으며, 방부 처리 및 냉동 상태로 보존되거나 박제로 만들어졌다. 박물관을 위시하여 냉동 상자, 사무실 서류함, 심지어 침대 밑에 둔 가방 안에 보관되기도 했고, 손가락, 치아, 두개골, 심장, 은밀한 부분 등 부위별로 절단되어 전 세계를 돌아다닌 시신들도 더러 있다. 우상 숭배 집단인 로마카톨릭은 소위 "성인들"이라 해서 그 시신들을 숭배의 대상으로 삼았고, 한때 유럽에서 머리뼈 모양을 가지고 성격 및 심적 특성을 연구하는 골상학이 유행했을 당시에는 "두개골 절도"가 기승을 부리기도 했다.

사람들이 유명인들의 시신에 집착하는 이유는, 기념, 추억, 사랑, 교감, 소통 등 어떤 형태로든 그들과 연결되고픈 개인적인 욕망에서부터 과학 및 의학 발전, 종교적인 목적, 정치적 또는 경제적인 수단에 이르기까지 참으로 다양하다. 이처럼 사람들이 주목하고 집착하는 것은 기껏해야 "죽을 수밖에 없고 벌레 먹고 썩을 수밖에 없는 시신들"이다. 하지만 성경은 "영원히 죽지도, 썩지도 않는 몸으로 부활하는 사건"에 주목해야 한다고 말씀한다.

예수 그리스도의 부활과 휴거

1. 예수 그리스도의 부활 : "비방받을 표적"

『또 시므온이 그들을 축복하고, 주의 모친 마리아에게 말하기를 "보라, 이 아기는 이스라엘에 있는 많은 사람의 패망과 흥성을 위하여, 또 비방받을 표적을 위하여 세워졌으니, (정녕 칼이 또 네 자신의 혼을 찌름같이 되어,) 많은 사람의 마음속에 있는 생각들이 드러나게 되리라."고 하더라』(눅 2:34,35).

예수 그리스도의 부활은 "표적"(sign)이다. 예수 그리스도의 죽음과 부활은 "**요나의 표적**"(마 12:38,39)으로 예시되었는데, 요나의 실제적인 죽음과 부활은 "예수 그리스도의 죽음과 부활을 말하는 표적"이었고, 부활은 예수님께서 하나님의 아들이시요(롬 1:4), 주와 그리스도이심을 증거해 주는(행 2:36) 확실한 표적이었다. 인류 역사상 최고의 뉴스는 "무덤에서 온 소식"이었다. 『**그분은 여기에 계시지 않고 말씀하셨던 대로 살아나셨느니라. 와서 주께서 누우셨던 자리를 보라**』(마 28:6). 그 자리는 비어 있다! 세상은 예수님의 "빈 무덤"에 대해 강한 집착을 보인다. 이는 예수님의 시신을 찾을 수 없기 때문이다. 그래서 그들은 불신 가운데 예수님의 "살아난 몸"에 대해 논쟁과 시비를 거는 것이다!

그렇기 때문에 예수 그리스도의 부활은 "**비방받을**" 표적이 된다. 성경을 비평하는 학자들은 표적이 된 "요나"와 "요나서"를 비난하고 있고, 세상은 예수님의 부활이 거짓말이라고 끊임없이 비방하고 있다. 만약 예수 그리스도의 부활이 없었다면 인간의 무덤들은 그 뼈들이 먼지와 재로 변하면서 영원히 침묵을 지킬 수밖에 없었을 것이다. 그러나 무덤을 비우신 예수님께서는 그분을 믿는 성도들에게 이렇게 말씀하신다. 『**이는 내가 살고 너희도 살겠음이라**』(요 14:19). 모세는 이집트에서 나올 때 요셉의 유언대로 그의 뼈들을 챙기는 것을 잊지 않았다(출 13:19). 요셉이 그렇게 유언한 이유는, 이집트(세상의 예표)에 자신의 뼈들이 남겨지는 것을 원하지 않았기 때문이다. 요셉은 150가지 이상의 항목에서 예수님을 가장 잘 예표하는 인물이다. 예수님의 뼈들 중 단 하나의 뼈도 지상에 남아 있지 않다. 예수님의 뼈는 모두 셋째 하늘로 들어갔다. 예수님과 한 몸인 그리스도인들 역시 그 뼈들이 이 땅에 남아 있어야 할 이유가 없다. 우리의 뼈들 역시 살아나야 하고 또 휴거되어야 하는 것이다. 이것이 하나님의 약속이고 또 우리에게 주신 살아 있고 확실한 소망이다. 궁극적으로 우리가 비방받을 표적에 주목해야 하는 이유가 바로 여기에 있는 것이다!

하지만 그럼에도 불구하고 세상이 예수 그리스도의 부활을 비방하는 이유가 있다. 첫 번째로 예수님께서 부활하지 못하셨어야, 성경은 거짓말이 되고, 복음도, 우리가 믿는 믿음도 헛것이며 엉터리임이 판명되기 때문이다(고전 15:14). 두 번째로 복음을 전파했던 우리가 모두 거짓말쟁이가 되고, 우리 역시 여전히 죄들 가운데 있는 것으로 드러나기 때문이다(고전 15:15,17). 그리고 마지막으로 구원받고 죽은 성도들 역시 모두 멸망한 것이고, 현재 살아 있는 그리스도인들도 세상에서 가장 비참한 사람이 되기 때문이다(고전 15:18,19).

■ 새롭게 깨달았거나 적용할 내용이 있다면 적어 보세요. ■

2. 휴거(Rapture) 때 일어날 일들(고전 15:51-58, 살전 4:13-18)

"이 세상을 여행하는 동안 우리에게는 장막(텐트)으로도 아주 족하다. 지금은 오직 밤이나, 그때는 영원한 낮이 밝아올 것이다."(D.L. 무디)

휴거는 "**갑자기**" 일어난다(마 24:42-44, 계 16:15, 살전 5:1-3). 예수 그리스도께서는 예기치 않은 순간에 "도둑같이" 오셔서 이 땅에 귀중한 보석들인 그리스도인들만 데리고 가시는 것이다. 그리고 휴거 때는 "코발트 폭탄"이 터질 때 "강한 섬광"이 비치듯이 "**번개**"가 치며(마 24:27, 시 50:1-5), 수백 개의 핵폭탄이 동시에 폭발하는 것에 맞먹는 엄청나게 큰 "**천둥소리**"가 진동한다(욥 37:1-4, 요 12:28,29).

이 때 성도는 예수 그리스도께서 각 성도의 이름을 부르는 "**음성**"을 들을 것이다. 왜냐하면 『**호령과 천사장의 음성과 하나님의 나팔 소리**』(살전 4:16, 고전 15:52 - 『**마지막 나팔 소리**』)는 각각 별개의 소리가 아니라 하나의 소리로서 성도들의 이름을 부르시는 "**하나님의 음성**"이다. 이는 하나님의 음성이 "**나팔 소리**" 같기 때문이다(계 1:10; 4:1). 그리고 하나님께서 성도 개개인을 향해 『**이리 올라오라.**』(계 4:1)라고 명령하실 때, 그분의 양들은 그 음성을 또렷하게 들을 수 있지만(요 10:3), 구원받지 않은 사람들에게는 그 음성이 "천둥소리"로 들린다(요 12:28,29).

각 성도의 이름을 부르시며 이리로 올라오라는 주님의 음성을 들을 때, 그리스도인들의 몸이 변화되어 공중으로 끌려 올라간다(살전 4:17). 이때 그리스도 안에서 잠든 성도들, 곧 죽은 그리스도인들이 먼저 "썩지 않는 몸"으로 무덤에서 일어난다(고전 15:51-53, 요 11:25, 살전 4:16). 그리고 그 뒤를 이어 살아남아 있는 그리스도인들이 변화된 몸, 곧 "죽지 않는 몸"을 입게 된다(고전

15:51-53, 요 11:26, 살전 4:17). 이 일이 이루어지는 즉시 주님을 만나기 위하여 공중으로 끌려 올라가게 되고, 이 모든 일이 일어나는 데 걸리는 시간은 **『눈 깜짝하는 순간』**(고전 15:52, 40분의 1초)이다.

예수 그리스도의 재림과 "번개"는 밀접한 연관이 있다. **『마치 번개가 동편에서 치면 서편에까지 비치는 것같이, 인자의 오는 것도 그러하리라』**(마 24:27). 이 구절은 교리적으로 지상 재림에 관한 문맥이지만, 순간적으로 일어나는 번개는 교회 시대의 "휴거"에 대한 좋은 예표가 된다. 일반적으로 번개의 생성 과정은 구름과 대지 사이에서 일어나는 "방전 현상"으로 설명된다. 즉 하늘에 떠 있는 구름에서 지상으로 내려가는 "음전하"가 지상에서 올라오는 "양전하"와 만나면서 방전 현상이 생기는데, 이것이 바로 우리의 눈에 보이는 "번개"이다. 이 방전 현상으로 대기는 과열되고 음속보다 더 빠른 속도로 팽창되는데 이때 "천둥소리"가 들린다. 이렇게 번개와 천둥이 치기 전에 일어나는 이 모든 자연 현상은 눈 깜짝할 사이에 일어난다. 이것은 성도의 휴거와 그 모습이 상당히 유사하다. 주님께서는 공중으로 오시고 성도들은 공중으로 끌려 올라간다. 서로 만나게 되는 그 찰나에 강렬한 섬광이 비치고 천둥과 같은 주님의 큰 음성이 들리며, 이 모든 일이 눈 깜짝할 순간에 벌어진다. 이것을 믿지 못하겠는가? 그렇다면 하나님과 성경을 거부하고 수학 공식만 믿다가 지옥에 던져진 아인슈타인의 운명을 숙고해 보라! 그리하여 조금의 지체함도 없이 하나님의 지혜인 예수 그리스도를 믿으라!

3. 휴거의 대상 : "구원받은 모든 그리스도인"(그리스도의 몸 된 교회)

교회가 환란을 통과하지 않는 일곱 가지 이유가 있다. 첫 번째로 그리스도의 몸인 교회가 "대환란의 진노를 받아야 할 성경적 이유가 없기 때문"이다. 거듭

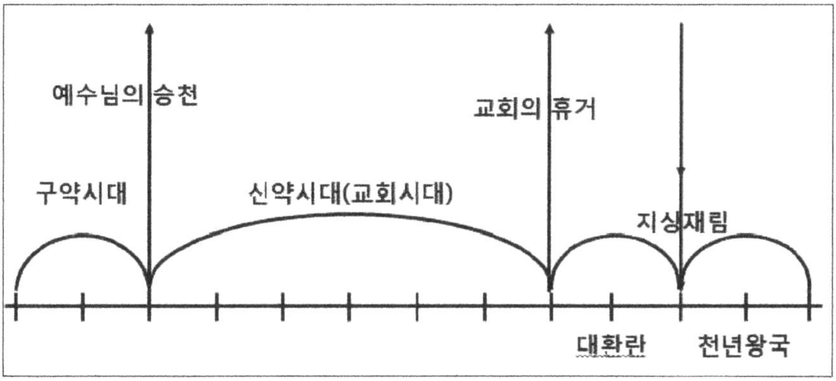

난 그리스도인은 대환란의 심판, 아마겟돈 전쟁의 심판, 영원한 불못의 심판이라고 하는 『**다가올 진노**』(살전 1:10)로부터 구원받은 사람들이다(롬 5:9, 살전 5:9). 『**의로운 자는 고난에서 구원되고 악인이 그를 대신하여 오느니라**』(잠 11:8). 두 번째로 대환란은 『**야곱의 고난의 때**』(렘 30:7)로서 **"그들의 메시아를 거부한 '이스라엘'(야곱)이 심판받는 기간이기 때문"**이다. 그리스도의 몸 된 "교회"는 "야곱"이 아니므로, 대환란은 결코 "교회의 고난의 때"가 될 수 없다! 『**너희는 예루살렘에 다정하게 말하며 그녀에게 부르짖으라. 그녀의 싸움이 다 되었고, 그녀의 죄악이 용서받았나니 이는 그녀가 그녀의 모든 죄에 대하여 주의 손에서 배로 받았음이라**』(사 40:2). **세 번째로 예수 그리스도께서 오실 때 "그분께 속해 있는(고전 15:23) 모든 성도가 휴거되기 때문"이다**. 성경 어디에도 "깨어 기다리는 성도들"만 휴거된다는 내용을 찾아볼 수 없다(고전 15:51-58, 살전 4:13-18). **네 번째로 그리스도의 몸은 "어떤 상황에서도 분리될 수 없는 한 몸(고전 12:12,13)이기 때문"이다**. 그리스도의 몸을 구성하는 각 지체들이 따로 떨어져야 할 이유가 없다! 다섯 번째로 요한계시록에서 교회를 예표하는 사도 요한이 "**4장에서 셋째 하늘로 끌려 올라간(휴거를 예표) 이후부터 예수 그리스도께서 이 땅으로 재림하시는 19장에 이르기까지 '교회'라는 용어가 등장하지 않기 때문**"이다. 여섯 번째로 예수 그리스도께서 이 땅에 재림하실 때는 성도들과 "함께" 내려오시는데(계 19:14, 살전 3:13), "**함께 내려오시기 위해서는 그 전에 성도들이 하늘로 올라가야 하는 휴거가 선행될 수밖에 없기 때문**"이다. 휴거는 환란 전에 예수 그리스도께서 성도들을 이 땅에서 데리고 가시기 위해(살전 4:17, 솔 2:10,13, 요 14:31) 지상이 아닌 "공중으로" 오시는 사건이다. 그리고 마지막으로 "**성경의 모형적 가르침**"에 의하면 교회가 환란 전에 휴거되는 것을 보여 주기 때문이다. 대환란을 예표하는 기근이 있기 전에 요셉(예수 그리스도의 모형)은 이방인 신부(교회의 예표)인 아스낫과 결혼했다. 모세(예수 그리스도의 모형)는 대환란을 예표하는 이집트의 재앙이 있기 전에 이방인 신부(교회의 예표) 십포라와 결혼했다. 에녹은 대환란을 예표하는 노아의 대홍수가 있기 전에 죽음을 보지 않고 하늘로 올라갔다(휴거).

간혹 히브리서 9:28을 근거로 주님을 간절히 바랐던 성도들만 휴거된다고 주장하는 자들이 있다. 『**그리스도께서도 많은 사람의 죄들을 담당하시려고 한 번 드려지셨고, 두 번째는 자기를 바라는 자들을 구원에 이르게 하시려고 죄 없이 나타나시리라.**』 그러나 히브리서는 교회 시대의 그리스도인들을 위한 서신서가 아니라 『**마지막 날들**』(히 1:2), 곧 "환란 시대에 구원받은 히브리인들"을 위한 서신서이다. 그래서 이 책의 이름이 "히브리서"이다. 교회는 야곱이 아니듯이 "히브리인"도 아니다. **그 구절은 환란 시대에 믿음으로 구원받고 인내의 행위로 구원을 끝까지 지켜야 하는 "환란 성도들"을 위한 교리이다**(〈피터 럭크만의 주석서 히브리서〉, pp.209-211 참조).

■ 새롭게 깨달았거나 적용할 내용이 있다면 적어 보세요. ■

4. 휴거를 기다리는 그리스도인의 "일곱 가지" 올바른 자세

화니 크로스비는 다음과 같은 찬송시를 작시했다. 「밤이나 낮이나 충성하고 있는 종들에게 주님께서 상 주러 오실 때, 우리는 등불을 밝히고 온전히 깨어 있는 모습을 주님께 보여 드릴 수 있을까? 아침 일찍 동틀 무렵, 주님께서 우리를 부르시며 우리가 주님을 위해 일한 것들에 대해 결산하실 때 우리는 "참 잘 했구나!"라는 말씀을 들을 수 있을까? 주님께서 새벽이나 한밤중에 오실 때 우리가 깨어 있는 모습을 보여 드릴 수 있을까? 과연 우리는 준비가 되어 있는가? 찬란한 영광의 도성에 들어갈 준비가 되어 있는가? 주님께서 오실 때 우리가 주님을 얼마나 간절히 기다려 왔는지를 보여 드려야 할 것이다.」

첫 번째로 구원의 확신을 점검해야 한다. 구원받은 것이 확실하지 않다면 지금이라도 예수 그리스도를 믿고 영접해야 한다(롬 10:9,10, 요 1:12). 두 번째로 정신을 차리고 깨어 있어 사탄과 육신과 세상에 맞서 싸우고 죄로부터 온전히 성별해야 한다(벧전 5:8). 세 번째로 예수 그리스도의 재림을 간절히 고대해야 한다(벧후 3:12,13). 재림을 기다리는 것을 싫증나게 만드는 것들로부터 피해야 한다. 네 번째로 세상에 집착해서는 안 된다(요일 2:15). 『**너희는 스스로 주의하라. 그리하여 어느 때라도 너희 마음이 방탕과 술취함과 이생의 염려로 무겁게 되어 그 날이 갑자기 너희에게 임하지 않게 하라**』(눅 21:34). 다섯 번째로 성경을 부지런히 읽고 믿고 실행함으로써 믿음의 진전을 이루어야 한다(눅 18:8). 여섯 번째로 열정을 가지고 복음을 전파해야 한다. 마지막으로 견고하고 흔들리지 말며 항상 주의 일을 넘치게 해야 한다. 『**그러므로 나의 사랑하는 형제들아, 견고하라, 흔들리지 말라, 항상 주의 일을 넘치게 하라. 이는 너희의 수고가 주 안에서 헛되지 아니한 줄을 너희가 앎이니라**』(고전 15:58).

요셉의 뼈는 이집트에 남아 있어야 할 이유가 없었다. 그는 죽을 때 이집트에 머물고 싶어 하지 않았다. 야곱도 마찬가지였다. 그래서 그들은 이집트에서 벗어나고 싶어 했고, 결국 그들은 빠져나가 약속의 땅에 묻혔다. 이스라엘 백성들 역시 출애굽 때 이집트로부터 빠져나갔다. 이것은 우리 모든 성도들이 이 세상(땅)에서 안주할 사람들이 아님을 보여 준다. 고대 이집트인들은 사람이 죽으면 시신을 미라로 만들어 보존했다. 그들은 죽은 혼이 잠시 왔다 갈 수 있는 거처를 마련한다는 생각으로 그렇게 했다. 말하자면 이 땅에서 영원히 거하고 싶은 생각으로 미라를 만든 것이다.

이집트는 세상의 예표이다. 세상은 우리를 이 땅에다 매장하려 한다. 항상 땅의 것을 생각하도록 만드는 것이다. 그러나 그리스도인들은 이 땅에 남아 있어야 할 이유가 없다. 위의 것을 바라보는 사람들이기 때문이다. 특히 우리가 바라보는 그 천상에는 예수님께서 하나님의 보좌 오른편에 앉아 계신다. 이것은 예수님의 뼈들 중 단 하나의 뼈도 이 지상에 남아 있지 않다는 사실을 보여 준다. 예수님의 뼈는 모두 셋째 하늘로 들어갔다. 그리스도인들은 그리스도의 몸이다. 예수 그리스도와 한 몸이기에 우리의 뼈들도 이 땅에 남아 있어야 할 이유가 없다. 그래서 과거에 이미 죽은 그리스도인들이든, 현재 살아 있는 그리스도인들이든 모든 그리스도인의 뼈들은 휴거되어야 한다. 이것이 바로 우리의 간절한 소망이다.

▪ 새롭게 깨달았거나 적용할 내용이 있다면 적어 보세요. ▪

제1과
복습문제

1. 예수 그리스도의 부활은 비방받을 (   )이다.

2. 『주께서 호령과 천사장의 음성과 하나님의 (   )와 함께 하늘로부터 친히 내려오시리니 그러면 그리스도 안에서 죽은 자들이 먼저 일어나고 그리고 나서 살아남아 있는 우리도 (   )에서 주와 만나기 위하여 그들과 함께 구름 속으로 끌려 올라가리니, 그리하여 우리가 영원히 주와 함께 있으리라』(살전 4:16,17).

3. 그리스도인들 중에서 깨어 기다리지 않는 성도에 한하여 "환란 시대"를 통과하는 사람이 생길 수도 있다. (O , X)

4. 대환란은 "야곱의 고난의 때"(렘 30:7)로서 "영적인 야곱"으로 불리는 교회가 고난받는 기간이다. (O , X)

5. 구약에 나오는 "에녹"은 교회가 대환란을 통과하지 않는다는 사실을 예표적으로 잘 보여 주는 인물이다. (O , X)

■ 복습 문제의 정답은 홈페이지(www.solomonbtc.org)에서 확인할 수 있습니다.

NOTES

제2과

두 개의 휴거 : "그리스도인의 휴거"와 "환란 성도의 휴거"

『그리고 나서 살아남아 있는 우리도 공중에서 주와 만나기 위하여 그들과 함께 구름 속으로 끌려 올라가리니, 그리하여 우리가 영원히 주와 함께 있으리라』(살전 4:17).

임박한 그리스도인의 휴거

그리스도인은 휴거된다. 그러나 휴거는 끝이 아니다. 휴거는 서막에 불과하다. 휴거 이전의 삶은 짧은 준비 기간이라 할 수 있고, 오히려 그리스도인의 진짜 삶은 휴거 이후부터라 할 수 있다. 그리스도인은 통치할 것이고, 또 영원히 살 것이기 때문이다. 휴거 이후 하늘에서는 "그리스도의 심판석"과 "어린양의 혼인식"이 있을 것이고, 땅에서는 "대환란"이 있을 것이다. "어린양의 혼인식"이 끝나면, 우리 주 예수 그리스도께서 재림하시어 이 땅을 심판하고 통치하실 것이며, 그리스도인들도 예수 그리스도와 함께 내려와 공동상속자로서 이 땅을 통치할 것이다.

이런 명백한 성경의 진리를 정확히 아는 그리스도인과 잘 모르는 그리스도인 혹은 이런 명백한 성경의 진리를 확고히 믿는 그리스도인과 믿지 않는 그리스도인, 그리고 성경을 잘못 해석함으로써 휴거의 대상과 시기를 오해하는 그리스도인이 이 세상을 사는 방식에는 분명히 차이가 날 수밖에 없다.

한편 성경의 진리들을 아는 그리스도인이라 할지라도 "재림의 임박성"을 유념하지 않는 그리스도인이라면, 그는 그리스도인으로서 마땅히 따라야 할 올바른 삶을 놓치고 있을 수 있음을 기억해야 할 것이다.

"그리스도인의 휴거"와 "환란 성도의 휴거"

1. 휴거의 의미

휴거는 "끌려 올라가는 것"이다(살전 4:17 『**끌려 올라가리니**』). 그러므로 휴거는 자기 의지와는 무관하다. 롯과 롯의 아내와 롯의 두 딸이 소돔과 고모라의 멸망 직전에 천사들의 손에 이끌려 성읍 밖으로 나왔듯이, 성도들은 강제로 하늘로 끌려 올라가게 되는 것이다. "휴거"(携擧)는 "이끌다, 끌다, 가지다"의 뜻인 "휴"(携)와 "들다, 들어 올리다, 일으키다"의 뜻인 "거"(擧)가 합쳐진 단어이다. 휴거에 해당하는 영어 단어 "rapture"는 라틴어 "raptus"(탈취, 납치)에서 왔다.

2. 그리스도인(신약 성도)의 휴거(살전 4:13-18)

오직 교회 시대에 구원받은 그리스도인들만이 환란 직전에 휴거된다(15-17절). "무교절"은 구약 성도의 휴거를, "칠칠절"(오순절)은 신약 성도의 휴거를, "장막절"은 환란 성도의 휴거를 예표한다(신 16:16). 성경에는 『**이리 올라오라.**』라는 말씀이 세 번 나오는데, 잠언 25:7에서는 구약 성도의 휴거를, 요한계시록 4:1은 신약 성도의 휴거를, 요한계시록 11:12은 환란 성도의 휴거를 나타낸다.

휴거의 신호는 『**호령과 천사장의 음성과 하나님의 나팔 소리**』이다(16절). 그리스도인들에게는 이 『**호령과 천사장의 음성과 하나님의 나팔 소리**』가 분명하게 들릴 것이다. 그리고 휴거는 매우 짧은 시간 간격임에도 불구하고 휴거에는 순서가 있다. 먼저 『**그리스도 안에서 죽은 자들**』이 먼저 일어난다(16

절). 그리고 나서 『**살아남아 있는 우리**』가 뒤따라 끌려 올라간다(15,17절).

휴거 때 일어날 <u>몸의 변화</u>는 『**신비**』로서 우리 몸에는 여러 변화가 생긴다(고전 15:51-53). 우선 『**우리가 다 잠잘 것이 아니요 오히려 우리가 모두 변화될 것이니**』(51절)라는 말씀은, "휴거"와 "변화"가 "죽은 이후에 혼이 셋째 하늘에 가는 것"이 아님을 분명히 보여 준다(요 11:25,26). 그런데 여기서 『**마지막 나팔 소리**』(52절, trump)는 데살로니가전서 4:16의 『**하나님의 나팔 소리**』(trump)를 의미하고, 요한계시록 11:15의 일곱째 천사의 나팔(trumpet)과 혼동해서는 안 된다. 고린도전서 15:5의 『**잠든 자들**』은 52절의 『**죽은 자들**』이며, 데살로니가전서 4:16의 『**그리스도 안에서 죽은 자들**』로서, 교회 시대에 죽은 이후 셋째 하늘의 낙원에서 쉬고 있는 구원받은 그리스도인들이다. 이들이 모두 『**썩지 아니하는 몸**』으로 일으켜지고, 살아 있는 그리스도인들의 몸도 변화되어 이들과 동일한 『**썩지 아니할 몸**』, 즉 『**죽지 아니할 몸**』을 입게 된다. 이 몸은 노화와 죽음에 묶여 있고 물리적 법칙에 영향을 받는 지금의 몸과는 완전히 다른 몸, 즉 예수 그리스도와 같은 몸이다. 『**그가 만물을 자신에게 복종시키는 그 능력의 역사로 인하여 우리의 천한 몸을 그분의 영광스러운 몸같이 변모시키시리라**』(빌 3:21).

3. 환란 성도의 휴거

환란 성도의 휴거는 유대인 환란 성도의 휴거(마 25:1-13)와 이방인 환란 성도의 휴거(계 7:9-17)로 나누어 볼 수 있다. 먼저 <u>유대인 환란 성도의 휴거</u>를 살펴 보자면 예수 그리스도의 지상 재림 직전에 거행될 "어린양의 혼인식"에 들어가는 "유대인 환란 성도들"이 있다는 사실을 알 수 있다(마 25:10 - 『**혼인식**』). 어린양의 혼인식"은 셋째 하늘에서 거행되므로 휴거되어야 혼인식에 참여하는 것이 가능하다. **<u>이때 환란 성도 전체가 휴거되는 것이 아니고 일부만</u>**

휴거된다(4절 - 『**현명한 처녀들**』, 10절 - 『**준비하였던 처녀들**』). 그리고 혼인식에 들어가는 것이 거절되는 처녀들이 있다(3절 - 『**어리석은 처녀**들』, 11절 - 『**나머지 처녀들**』). 그래서 마태복음 25장의 이 구절은 "믿음"과 함께 "믿음에 따른 행위"가 있어야 구원받는 "환란 시대의 구원 교리"를 보여 준다. 이 때는 성령의 모형인 기름이 행위를 통해 얻어진다(8,9절).

한편 휴거되는 유대인 환란 성도는 두 증인과 인장으로 표시받은 144,000명(계 14:1-5)으로 대표된다. 땅에서 1,260일 동안 예언하고 죽임당한 두 증인(계 11:3-7)은 『**이리 올라오라.**』라는 큰 음성을 듣고 휴거된다(계 11:12). 요한계시록 7:2-8에서 땅에서 인장으로 표시를 받은 144,000명의 유대인 성도들이 큰 도성 바빌론이 무너지기(계 14:8) 전에 이미 하늘에 가 있다(계 14:1-5). 휴거되지 않고 예수 그리스도의 지상 재림 때에 구원받는 유대인 환란 성도들이 있다(눅 12:35-40). 누가복음 12:36에서 『**주인이 혼인 잔치에서 돌아올 때**』는 예수 그리스도께서 지상에 재림하시는 때를 가리킨다. 그래서 그리스도인의 휴거가 전체적, 무차별적 휴거인 반면, 유대인 환란 성도들의 휴거는 "부분 휴거"임을 알 수 있다.

유대인들뿐만 아니라 이방인 환란 성도들도 휴거 된다(계 7:9-17). 요한계시록 7:9의 『**이 일 후에**』의 『**이 일**』은 요한계시록 7:1-8에서 유대인 환란 성도 144,000명이 땅에서 『**하나님의 인장**』(계 7:2)으로 표시를 받는 일을 가리킨다. 그러므로 요한계시록 7장의 시점은 여전히 대환란 기간이다. 『**모든 민족들과 족속들과 백성들과 언어들**』(9절)은 이방 민족들을 의미한다. 반면, 4절에서 144,000명은 『**이스라엘 자손의 모든 지파**』라고 언급함으로써 이방인이 아님을 분명히 보여 준다.

그런데 이방 민족에서 온 큰 무리가 『**보좌 앞**』과 『**어린양**』 앞, 즉 하늘에 있다. 이들은 『**구원이 보좌에 앉으신 우리 하나님과 어린양에게 있도다.**』라고 큰 음성으로 소리 지르는 것으로 보아 구원을 받아 하늘에 있게 된 이방인들이다. 『**장로 가운데 한 사람**』이 『**이들은 대환란에서 나온 사람들이며**』라고 말함으로써, 이들이 "대환란 기간에 휴거된 이방인 환란 성도"임을 확증해 준다. 여기서 『**자기들의 옷을 씻어 어린양의 피로 희게 하였느니라.**』(14절)라는 표현은 믿음(『**어린양의 피**』)과 행위(『**자기들의 옷을 씻어**』)로 구원받는 환란 시대의 구원 교리를 보여 준다.

휴거되지 않고 예수 그리스도의 지상 재림 때에 구원받는 이방인 환란 성도들이 있다(마 25:31-46, "민족들의 심판"). 마태복음 25:31의 말씀(『**인자가 그의 영광 중에 오고, 또 모든 거룩한 천사들이 그와 함께 오면 그때에 그가 그의 영광의 보좌에 앉으리니**』)은 예수 그리스도께서 지상에 재림하신 이후임을 보여 준다. 이들은 영원한 생명을 얻고(46절), 왕국을 이어받는다(34절). 그리스도인의 휴거가 전체적, 무차별적 휴거인 반면, "이방인 환란 성도"의 휴거도 "유대인 환란 성도"의 휴거와 마찬가지로 "부분 휴거"임을 알 수 있다.

4. 휴거와 관련하여 주의할 내용들

휴거를 영적으로 해석하면, "그리스도의 심판석," "어린양의 혼인식," "대환란," "민족들의 심판," "천년왕국" 등의 재림과 관련된 모든 교리가 영적으로 해석되면서 "무천년주의"나 "후천년주의" 이단 교리에 빠지게 된다. 그리고 휴거가 이미 이루어졌다고 오해하면 지금이 환란 시대라고 착각하면서 환란 교리를 붙들고 살게 된다. 특히 데살로니가전서 4:16의 『**하나님의 나팔 소리**』를 요한계시록 11:15의 일곱째 천사가 부는 나팔과 혼동하면, "그리스도인들의 환란 전 휴거"를 "환란 중 휴거"나 "환란 후 휴거" 로 오해하기 때문에 주의해야 한다.

한편 "유대인 환란 성도의 휴거"나 "이방인 환란 성도의 휴거"를 그리스도인의 휴거로 착각하면 "환란 중 휴거"나 "환란 후 휴거"라는 거짓 교리에 빠지게 된다. 그리고 "환란 성도의 부분 휴거"의 교리를 그리스도인들의 휴거와 혼동하면, "그리스도인의 부분 휴거"라는 거짓 교리에 빠지게 된다. 즉 그리스도인들이 일부는 환란 전에, 일부는 환란 중 또는 환란 후에 휴거된다고 오해하거나, 일부는 환란 중에, 일부는 환란 후에 휴거된다고 오해하게 되는 것이다.

그리스도인에게 있어서 휴거는 교회 시대의 마지막을 장식하는 "화려한 피날레"이다. 휴거의 순간에 아무런 후회도, 미련도 없이 이 지구를 떠나게 될 기쁨을 생각하면서, 매일 매일 그리스도의 군사로서 신실한 삶을 살아야 할 것이다.

▪ 새롭게 깨달았거나 적용할 내용이 있다면 적어 보세요. ▪

제2과 복습문제

1. "무교절"은 (   ) 성도의 휴거를, "칠칠절"(오순절)은 (   ) 성도의 휴거를, "장막절"은 (   ) 성도의 휴거를 예표한다(신 16:16).

2. 휴거는 매우 짧은 시간에 일어나기에 순서가 없다. 『**그리스도 안에서 죽은 자들**』과 『**살아남아 있는 우리**』가 동시에 끌려 올라간다. (O , X)

3. 교회가 휴거될 때 들리는 『**마지막 나팔 소리**』(고전 15:52, trump)는 데살로니가전서 4:16의 『**하나님의 나팔 소리**』(trump)를 의미하고, 요한계시록 11:15의 일곱째 천사의 나팔(trumpet)과 같다. (O , X)

4. 『또 내가 인장으로 표시를 받은 자들의 숫자를 들었는데 (   ) 자손의 모든 지파에서 십사만 사천 명이 인장으로 표시를 받았더라』(계 7:4).

5. 대환란 때에는 유대인들뿐만 아니라 (   ) 환란 성도들도 휴거 된다 (계 7:9-17).

■ 복습 문제의 정답은 홈페이지(www.solomonbtc.org)에서 확인할 수 있습니다.

제3과

두 개의 심판 : "그리스도의 심판석"과 "백보좌 심판"

『한 번 죽는 것은 사람들에게 정해진 것 이고 그 뒤에 심판이 정해진 것같이』(히 9:27).

모든 사람들에게는 심판이 정해져 있다.

히브리서 9:27의 말씀에 따라 육신을 입고 태어난 모든 사람은 죽음을 맞이할 것이며 그 뒤에는 심판을 받을 것이다. 우리는 이 말씀에서 죽음에 대해 하신 말씀은 일종의 보편적인 명제이기 때문에 예외적인 상황을 볼 수 있다. 에녹은 죽지 않고 들림을 받았다. 야이로의 딸, 나인성 과부의 아들, 유두고, 나사로, 요나, 도르카, 수넴 여인의 아들 등은 모두 죽었다가 살아났지만 다시 죽었다. 그에 반해 심판에 대해 하신 말씀은 일종의 정언명제이기 때문에 여기에는 단 하나의 예외적인 상황도 볼 수 없다. 즉 지난 6천 년 동안 이 땅에서 살았고 또 지금 살고 있는 사람들에게는 모두 한 심판이 정해져 있다. 다만 그 심판의 종류가 그리스도의 심판석이냐 백보좌 심판이냐는 차이만이 있을 뿐이다.

그리스도의 심판석

1. 심판의 시기와 장소와 대상

<u>그리스도의 심판석 앞에 서는 사람들은 교회 시대에 구원받은 그리스도인들</u>

이다. 구원받은 그리스도인들이 들림받은 이후 지상에서는 대환란이 시작된다. 즉 지상에서 대환란 기간이 펼쳐지는 동안 교회는 공중에서 주님을 만나 셋째 하늘로 올라가, 셋째 하늘에서 그리스도의 심판석 앞에 선다.

2. 심판의 목적과 방법

> 『각 사람의 일한 것이 나타나게 되리니 그 날이 그것을 밝힐 것이라. 이는 그것이 불로써 드러나고 또 그 불은 각 사람의 일한 것이 어떤 종류인지를 시험할 것이기 때문이라』(고전 3:13).

주님을 섬겼던 섬김의 동기를 "불로써" 시험받는다. 이때 불로써 시험받는 것은 각 사람이 일한 것들이지 그리스도인들 자신이 아니다. **그리스도의 심판석의 목적은 "구원의 여부"를 결정하는 데 있지 않고, 그리스도인이 주님을 섬겼던 섬김이 어떠한 종류의 것인지 시험하는 데 있다**. 여기서 하나님을 위해 "순수한 동기"로 행한 일들만이 보상으로 이어진다. 오직 주님만을 위해 일한 결과 주님께만 유익이 있었고 자기 자신은 고난을 받았던 일들이나, 주님께서 원하시고 또 하라고 요구하신 것들을 수행함으로써 주님께 기쁨을 드렸던 일들만이 상급과 유업으로 연결될 수 있다. **따라서 주님을 위해 일했던 것의 "양"보다는 "질"이 더 중요하다는 사실을 알 수 있다**.

> 『이는 우리 모두가 반드시 그리스도의 심판석 앞에 나아가서 선이든지 악이든지 각자 자기가 행한 것에 따라, 자기 몸으로 행한 것들을 받을 것이기 때문이라』(고후 5:10).

우리 "몸으로 행한 것들"을 심판받는다. 그리스도의 심판석은 그리스도인이 구원받은 이후 온전한 섬김의 동기 가운데 "자신의 몸"으로 예수 그리스도를 위해 행한 일에 대해 심판받는다.

3. 심판의 결과

불에 타지 않고 남아 있는 것들은 "세 가지"이다. 첫 번째로 "금"이다. 금은 하나님을 최우선으로 섬기고 영광을 돌리며 경배하는 일이다. 두 번째로 "은"이다. 은은 죄인들에게 예수 그리스도의 십자가를 증거하고, 그들로 하여금 믿고 영접하게 해서 예수 그리스도의 피의 구속에 동참하게 하는 일이다. 마지막으로 "보석"이다. 보석은 복음을 통해 혼들을 이겨오고(구령), 그들로 하여금 진리 안에서 잘 성장하게 하는 일(양육)이다.

불타 없어질 것들 또한 "세 가지"이다. 바로 "나무," "짚," "그루터기"인데, 이것들은 모두 죽어서 하찮게 된 것들로서 세상의 "육신의 정욕"과 "안목의 정욕"과 "생의 자랑"과 연관된 것들이다(요일 2:15,16).

4. 성도들을 위해 준비되어 있는 다섯 가지 면류관

첫 번째로 **썩지 않을 면류관**(고전 9:25-27)이다. 이 면류관은 승리자의 면류관으로서, 모든 일에 자제하고 몸을 억제하여 복종하는 사람에게 주어진다. 두 번째로 **생명의 면류관**(계 2:10, 약 1:12)이다. 이 면류관은 순교자, 곧 고난과 시련과 환란을 받으며 죽기까지 신실한 사람 그리고 시험을 견뎌 내는 자, 곧 시련을 견뎌 낸 사람에게 주어진다. 세 번째로 **영광의 면류관**(벧전 5:1-4)이다. 이 면류관은 목사들이 받는 면류관으로서 하나님의 양무리를 신실하게 치고 돌보며 양무리의 본이 된 목자들에게 주어진다. 네 번째는 **의의 면류관**(딤후 4:8)이다. 이 면류관은 주 예수 그리스도의 나타나심, 곧 재림을 사모하는 사람들에게 주어지는 면류관이다. 그리고 마지막으로 자랑의 면류관(살전 2:19,20, 빌 4:1)이다. 이 면류관은 구령자가 받는 면류관으로서 구령자가 그리스도께로 이겨온 사람들은 구령자의 기쁨이요 자랑이 된다.

5. 그리스도의 심판석에 관한 오해

그리스도의 심판석과 백보좌 심판을 구분하지 못한 채 동일한 것이라고 오해하는 사람들이 있다. 이는 개역성경은 로마서 14:10을 "하나님의 심판대," 즉 "백보좌 심판"으로 변개시켜 놓았기 때문인데 그래서 그리스도의 심판석과 백보좌 심판을 구분하지 못한 채 하나의 총체적인 부활과 총체적인 심판, 곧 백보좌 심판만 있다고 잘못 알고 있다. 이것이 바로 후천년주의적, 무천년주의적인 교리로서 변개된 성경으로 인한 무지를 드러낼 뿐이다.

쌓아 놓은 유업과 상급을 잃어버리지 않을 것이라고 오해하는 사람들도 있다. 그리스도의 심판석에서 받게 될 상급과 유업은, 오직 믿음을 통해서 받게 되는 구원과는 달리 자신의 몸으로 직접 행한 "행위"들을 통해 받는 것이기 때문에 죄를 짓거나 성경적인 규칙대로 하지 않게 되면 그 상급과 유업들을 잃어버릴 수 있다(고전 6:9, 갈 5:19-21). 요한이서 1:8,9에서 『**너희 자신을 돌아보라. 이는 우리가 이루어 놓은 것들을 잃지 아니하고 온전한 상을 받으려는 것이라. 범죄하고 그리스도의 교리 안에 거하지 아니하는 자마다 하나님이 없으나, 그리스도의 교리 안에 거하는 그 사람은 아버지와 아들이 있는 자니라.**』라고 말씀하시는데 이것은 종교적 자유주의자들과 구원받지 않은 유대인들을 비롯하여 카톨릭교도들, 여호와의 증인들, 몰몬교도들, 힌두교도들, 불교도들, 이슬람교도들 등과 협력하고 그들을 지지하고 교제하며 변개된 성서들을 사용하는 가짜 그리스도인들과 교류하고 손을 잡으면 상을 잃어버릴 수 있다고 말씀한다.

『각 사람의 일한 것이 나타나게 되리니 그 날이 그것을 밝힐 것이라. 이는 그것이 불로써 드러나고 또 그 불은 각 사람의 일한 것이 어떤 종류인지를 시험할 것이기 때문이라』(고전 3:13). 그리스도인이 예수 그리스도를 위해 살지 않고 자기 자신을 위해 살면 그리스도의 심판석에서 직면하는 현실은 불에 타버린 잿더미와 연기뿐이다. 그리스도인으로서 살아왔던 인생이 무위로 돌아가고 시간만 아깝게 낭비한 꼴이 되고 마는 것이다. 너무 자기 자신만을 위해 살지 말라. 만약 진정으로 자신을 위하고 싶다면 주님을 위해서 살라. 한 번 책상에 조용히 앉아서 종이 한 장을 앞에 꺼내 놓고 당신이 지금까지 오직 주님만을 위해서 했던 일이 무엇이었던가를 하나하나 적어 보라. 당신은 먼저 하나님의 나라와 그분의 의를 구했던가? 당신이 계획하고 당신이 손을 댄 어떤 일을 놓고 그것을 성취하게 해 달라고 요구하기에 앞서서 먼저 그분의 뜻을 구하고 그분의 영광을 앞세웠던가? 자기가 다 계획해 놓고 자기가 마음대로 일을 벌여 놓고 나서는 이제는 하나님더러 알아서 잘 해 달라고 요구하지는 않았던가? 당신은 한 번이라도 하나님께서 당신에게 원하시는 바를 헤아려 그것을 했던 적이 있는가? 주님을 위해 일한다는 것은 오직 주님을 향한 사랑에 근거하지 않으면 안 된다. 주님을 사랑하는 그 순수한 동기로 한 일이 아니라면 제아무리 훌륭한 일을 열심히 했더라도 모두 불에 타 연기로 사라져서 남는 것은 아무것도 없다는 것을 알라(요 21:15-17). 그리스도의 심판석 앞에서 당신의 일한 것이 어떤 종류인지 불에 태워질 때, 그 모든 것이 낱낱이 밝혀지게 된다. 당신은 자신 있는가?(피터 럭크만)

■ 새롭게 깨달았거나 적용할 내용이 있다면 적어 보세요. ■

백보좌 심판

『또 내가 큰 백보좌와 그 위에 앉으신 분을 보니, 그의 면전에서 땅과 하늘이 사라졌고 그들의 설 자리도 보이지 않더라. 또 내가 죽은 자들을 보니, 작은 자나 큰 자나 하나님 앞에 서 있는데, 책들이 펴져 있으며 또 다른 책도 펴져 있는데 그것은 생명의 책이라. 죽은 자들은 자기들의 행위에 따라 그 책들에 기록된 대로 심판을 받더라. 바다도 그 안에 있던 죽은 자들을 넘겨주고 또 사망과 지옥도 그들 안에 있던 죽은 자들을 넘겨주니 그들이 각자 자기들의 행위에 따라 심판을 받으며 사망과 지옥도 불못에 던져지니 이것이 둘째 사망이라. 누구든지 생명의 책에 기록되지 않은 자는 불못에 던져지더라』(계 20:11-15).

1. 심판의 시기와 장소

주 예수 그리스도의 천년왕국 통치가 끝날 때(계 20:7) 마귀는 끝없이 깊은 구렁에서 풀려나 땅의 사방에 있는 민족들을 미혹하여 하나님을 대적한다. 하지만 하나님께로부터 하늘에서 내려온 불이 그들을 삼켜버리고(계 20:7-9), 이후 현재 있는 하늘과 땅은 불에 타 사라져 버리는데, 바로 그 이후에 백보좌 심판이 있게 된다(벧후 3:10-12). 현재 있는 하늘과 땅이 불타 사라졌기 때문에 백보좌 심판으로 나오는 자들은 설 자리가 없다. 즉 심판받는 자들이 하나님을 대면하게 될 때 그들은 발아래 아무것도 없는 허공에 서 있게 된다.

2. 심판의 대상

먼저 구원받지 않은 죄인들이다. 이 심판은 주로 구원받지 않은 죄인들이 받게 될 심판이다. 이들은 천년왕국 끝에 죽은 자들의 부활, 곧 저주의 부활로 일어나 백보좌 심판 앞에 서게 될 것이다. 그렇다고 백보좌 심판에서 이들에게 구원받을 기회가 한 번 더 주어지는 것은 아니다. 다만 죄인들을 영원히 꺼지지 않는 불못으로 던지기 위한 심판인 것이다.

그리고 구약 시대의 성도, 대환란 성도, 천년왕국 성도들이 있다. 백보좌 심판에는 구원받지 않은 죄인들뿐만 아니라 구약 시대와 대환란과 천년왕국에서 구원받은 성도들이 서서 상을 받게 된다(계 11:18).

마지막으로 마귀와 그의 천사들(고전 6:3)도 심판받는다. 우선 마귀는 예수 그리스도께서 이 땅에 재림하시면서 마귀는 이후 천 년간 끝없이 깊은 구렁에 갇혀 있다가(계 20:3) 천년왕국 끝 무렵에 잠시 마지막 반역을 일으킬 것이지만, 백보좌 심판에서 영원한 정죄의 심판을 받을 것이다. 갈보리 십자가에서 이미 마귀의 심판은 이루어졌으나(롬 16:20) 그 집행은 요한계시록 20:10에 가서야 이루어진다. 마귀의 천사들도 심판을 받는데 여기에서 마귀의 천사들은 자신들의 처음 지위를 떠나(유 1:6) 범죄한 천사들(벧후 2:4)이다. 이들은 창세기 6장에서 하늘에서 땅으로 내려온 하나님의 아들들로서 사람의 딸들을 취하여 온 세상을 더럽히고 거인족을 후손으로 남겨 두어 이 땅의 성적 부도덕을 초래했던 자들이다(창 6:1-4). 이들은 지금 땅속에 있는 지하 감옥 안에 갇혀 있다(벧전 3:19). 결국 "큰 날의 심판," 곧 백보좌 심판 때 최종적인 심판을 받을 것이다.

3. 심판의 결과

재판관이신 주 예수 그리스도께서(요 5:22, 행 17:31, 롬 2:16) 구원받지 못한 죄인들에게 "불못의 영원한 형벌"을 선고하실 것이다. 그때 그들 모두는 무릎을 꿇고 예수 그리스도께서 주이심을 시인하면서(빌 2:10,11) "아멘! 아멘!"이라고 외치며 불못으로 떨어지게 된다. 『**사망과 지옥도 불못에 던져지니 이것이 둘째 사망이라. 누구든지 생명의 책에 기록되지 않은 자는 불못에 던져지더라**』(계 20:14,15). 마귀와 그의 천사들도 구원받지 않은 죄인들과 함께 불못에 던져진다. 『**그들을 미혹하던 마귀가 불과 유황 못에 던져지니 그곳에는 그 짐승과 거짓 선지자도 있어 영원무궁토록 밤낮 고통을 받으리라**』(계 20:10). 이처럼 죄인들은 불과 유황 못으로 던져져 어떠한 기한도, 출구도, 희망도, 안식도, 고통의 감소도 없이 문자 그대로 『**영원무궁토록**』 고통받게 될 것이다. 백보좌 심판에 서게 될 죄인들은 그 전에도 영원히 꺼지지 않는 지옥 불에서 최소 천 년 이상 이미 고통을 받아 왔다. 그런데 그것은 불과 유황 못에서의 영원한 형벌에 비하면 재판을 받기 전 잠시 유치장에 머물러 있는 것과 비슷한 모습이다.

구약, 대환란, 천년왕국의 성도들은 각자가 행한 것에 따라 상을 받게 될 것이다. 『**민족들이 분노하나 주의 진노가 임하였고 죽은 자들의 때가 임하였으니, 이는 그들이 심판받으며, 주께서 주의 종들인 선지자들과 성도들과 주의 이름을 두려워하는 크고 작은 자들에게는 상을 주시며, 땅을 훼손한 자들을 멸망시키려 하심이니이다."라고 하더라**』(계 11:18).

❑ 그리스도의 심판석과 백보좌 심판 비교 ❑

구 분	그리스도의 심판석	백보좌 심판
대 상	거듭난 그리스도인들	구원받지 못한 죄인들, 마귀와 그의 천사들, 구약, 대환란, 천년왕국 성도
시 기	교회가 휴거된 후 (천년왕국이 임하기 전)	땅과 하늘이 불탄 후 (천년왕국이 지난 후)
장 소	셋째 하늘에서	백보좌 앞(허공에서)

구 분	그리스도의 심판석	백보좌 심판
근 거	그리스도를 위한 행위들	그들의 행위들
결 과	그에 따른 보상, 면류관들	죄인들과 마귀와 그의 천사들은 불못에 던져지고, 성도들은 각자가 행한 것에 따라 상을 받음

■ 새롭게 깨달았거나 적용할 내용이 있다면 적어 보세요. ■

제3과 복습문제

1. 그리스도의 심판석에서 그리스도인은 주님을 섬겼던 섬김의 (   )를 "불로써" 심판받는다.

2. 그리스도의 심판석의 목적은 "구원의 여부"를 결정하는 데 있지 않고 그리스도인 각자가 주님을 위해 한 일, 즉 주님을 섬겼던 섬김에 대한 보상에 있다. (O , X)

3. 그리스도인이 주님을 위해 쌓아 놓은 상급들과 유업들은 그 어떠한 경우에도 잃어버리지 않는다. (O , X)

4. 그리스도의 심판석에서 심판의 결과 불에 타지 않고 남는 세 가지 항목은 (   ), (   ), (   ) 이다.

5. 백보좌 심판에는 구원받지 않은 죄인들만 선다. (O , X)

■ 복습 문제의 정답은 홈페이지(www.solomonbtc.org)에서 확인할 수 있습니다.

NOTES

제4과

환란 시대에 구원받는 방법

『그러나 끝까지 견디는 자는 구원을 받으리라』(마 24:13).

휴거 후 지상에 남은 자들

머지않아 주 예수 그리스도께서 다시 오셔서 거듭난 모든 그리스도인들을 하늘로 데려가시면 지상에 남겨질 사람들이 있을 것이다. 선지서에 의하면 그들은 "야곱의 고난의 때"(렘 30:7)에 처한 것이고, 신약성경에서는 그 기간이 "대환란"(마 24:21)이라고 불린다. 대환란 기간은 약 7년 정도이며, "다니엘의 70째 주"(단 9장)라고 언급되기도 한다. 이 대환란 기간에 겪는 고난과 공포는 그 무엇에도 견줄 수 없는데, 예수 그리스도께서는 『**그때에 대환란이 있으리니, 그와 같은 것은 세상이 시작된 이후로 지금까지 없었으며, 또 결코 없을 것이기 때문이라.**』(마 24:21)라고 말씀하셨다. 그렇다면 휴거되지 못하고 남겨진 사람들은 무엇을 해야 하는가?

흥분은 금물

1. <u>휴거가 일어나기 전에 휴거되지 못할 것에 대해 전혀 걱정하지 않았다면, 이미 휴거가 일어난 이후에 휴거되지 못해 걱정하고 후회해도 아무 소용이 없다.</u>

휴거가 일어나기 전에 하나님과 바른 관계를 맺기 원했다면 당신은 하나님과 바른 관계가 형성되어 휴거되는 기회를 가질 수 있었다. **그런데 만약 휴거의 기회를 놓쳐 버렸다면 지상에 머무르며 환란을 끝까지 견디는 것밖에는 방법이 없다.** 마태복음 24:13은 『**그러나 끝까지 견디는 자는 구원을 받으리라.**』라고 말씀한다.

2. 만일 어린 아기가 있었다면 그 귀여운 아기도 사라지고 없을 것이다.

왜냐하면 어린 아기가 죄를 죄로 알지 못하는 동안은 아기는 율법에 의해 정죄받지 않기 때문에 그리스도인들이 휴거될 때 함께 휴거되기 때문이다.

■ 『율법이 없는 이방인들이 본성으로 율법에 있는 일들을 행할 때에는 율법이 없어도 이것들이 스스로에게 율법이 되나니 그들의 양심도 증거하고 그들의 이성이 송사하거나 서로 변명하여 그들의 마음에 기록된 율법의 행위를 보여 주느니라』(롬 2:14,15).

■ 『이는 율법을 통해서는 죄의 깨달음이 있음이니라』(롬 3:20).

■ 『율법이 없을 때에는 죄를 죄로 여기지 아니하였느니라』(롬 5:13).

"행위"가 구원의 필수요소이다.

휴거 이후 뒤에 남겨졌다면, "행위"로 열성적인 노력을 기울여야 구원받을 수 있다. 왜냐하면 "행위"가 요구되는 "환란 시대"로 넘어왔기 때문이다. "대환란"(The Great Tribulation) 시대의 구원 계획은 예수 그리스도를 믿는 "믿음"에 "행위"가 더해져야 한다.

- 『그들이 어린양의 피와 자기들이 증거한 말로 그를 이겼으니, 그들은 죽기까지 자기들의 생명을 사랑하지 아니하였도다』(계 12:11).
- 『어린양이 다섯째 봉인을 여실 때 내가 보니, 제단 아래에는 하나님의 말씀과 그들이 가진 증거 때문에 죽임당한 자들의 혼들이 있는데』(계 6:9, cf. 20:4).
- 『여기에 성도들의 인내가 있으며 여기에 하나님의 계명들과 예수의 믿음을 지키는 자들이 있느니라."고 하더라』(계 14:12).
- 『그의 계명들을 행하는 자들은 복이 있나니, 이는 그들이 생명 나무에 대한 권리를 가지며 또 그 문들을 통하여 도성 안으로 들어가게 하려 함이니라』(계 22:14).
- 『내가 그에게 말씀드리기를 "주여, 당신이 아시나이다." 하니 그가 내게 말하기를 "이들은 대환란에서 나온 사람들이며 자기들의 옷을 씻어 어린양의 피로 희게 하였느니라』(계 7:14).

1. 환란 시대에 지켜야 할 것들은 다음과 같다.

첫 번째로 십계명을 모두 지켜야 한다(전 12:13). 두 번째로 황금률을 지켜야 한다(마 7:12). 세 번째로 부자는 가난한 자들을 구제해 주어야 한다(약 5:1-6). 네 번째로 구약의 세대에 속한 사람들처럼 침례를 받아야 한다(요 1:25, 행 2:38). 다섯 번째로 자기 십자가를 지고 환란을 끝까지 견뎌야 한다(마 16:24; 24:13). 여섯 번째로 예수 그리스도께서 아마겟돈 전쟁에 등장하실 것을 기다려야 한다(히 9:28). 그리고 마지막으로 자신의 믿음을 지키기 위해 순교할 수 있어야 한다(약 1:12, 계 2:10).

2. 대환란 시대에는 휴거 이전에 구원받는 것처럼 은혜만으로는 구원받을 수 없다.

휴거가 일어나기 전에는 『믿음으로 말미암아 은혜로』 구원을 받았을 뿐(엡 2:8,9), 믿음 이외에 그 어떤 조건도 필요 없었다(롬 3:21-31). 그러나 휴거가 일어난 이후부터는 즉시로 십계명과 황금률을 지켜야 하며, 그것들을 배워야 한다. 왜냐하면 이때부터는 율법을 지킨 행위에 의해서 심판을 받기 때문이다(마 25:31-46).

환란 시대에 하늘에 들어가는 유일한 길은 율법을 지키고 행하는 것이다. 『**너희는 씻고 스스로 깨끗게 하라. 내 눈 앞에서 너희의 악한 행실을 버리고 악을 행하는 것을 그치라. 선을 행하기를 배우고 공의를 찾으며, 압제당하는 자들을 구해 주고 아비 없는 자를 판결하며, 과부를 위하여 변호하라**』(사 1:16,17).

결코 받지 말아야 할 "표", "숫자", "이름"

1. 성경은 짐승의 표를 받는 사람은 누구나 지옥에 간다고 말씀한다.

『셋째 천사가 그들을 따라가며 큰 음성으로 말하기를 "누구든지 그 짐승과 그의 형상에게 경배하고 그의 표를 자기 이마나 손에 받는다면 그 역시 하나님의 진노의 포도주를 마시게 되리니, 그것은 그의 진노의 잔에 혼합하지 않고 부은 것이니라. 또 그 사람은 거룩한 천사들의 면전과 어린양의 면전에서 불과 유황으로 고통을 받으리니, 그 고

> 통의 연기가 영원무궁토록 올라가리라. 그 짐승과 그의 형상에게 경배하고 그의 이름의 표를 받는 자는 누구든지 밤낮 쉼을 얻지 못하리라』(계 14:9-11).

2. 누군가가 다가와서 당신의 몸에 어떤 숫자를 새기려고 할 때, 특히 6-6-6 숫자를 주려고 하면 그것을 절대로 받아서는 안 된다.

요한계시록은 적그리스도라 불리는 한 인물이 지상에 등장하게 되고, 그의 숫자가 바로 "666"이라고 기록하고 있다(계 13:18). 이 적그리스도는 로마로부터 온다(계 17:3,4,18). 그리고 적그리스도는 전 세계를 장악하여 단일 세계 정부를 이룰 것이다. **적그리스도는 법률을 제정하여 전 세계적인 "정치" 체제를 구축할 것이다(단 7:25). 적그리스도는 그의 형상을 만들어 전 세계적인 "종교" 체제를 구축할 것이다(계 13:12,14,15). 적그리스도는 그의 표를 받게 하여 전 세계적인 "경제" 체제를 구축할 것이다(계 13:16-18).** 이 경제 체제는 그의 이름의 숫자나 표를 받지 않으면 아무것도 사거나 팔 수도 없으며 먹을 수도 없도록 계획되어 전 세계를 통제한다. 아무리 많은 돈을 가지고 있다 해도 표를 받지 않으면 아무것도 살 수가 없다. 그렇다고 표를 받으면 지옥에 가게 된다(계 14:9-11).

죽음을 불사하는 "광신자"가 돼라.

1. 대환란 기간에 구원받으려면 경건한 광신자가 되어야 하고, 순교자로서 죽어야 한다. 당신을 조종하고 죽이려고 하는 마귀와 그의 추

<u>종자들을 대항할 길은 그것밖에 없다.</u>

『그들이 어린양의 피와 자기들이 증거한 말로 그를 이겼으니, 그들은 죽기까지 자기들의 생명을 사랑하지 아니하였도다』(계 12:11).

2. <u>누군가가 당신에게 찾아와 "오른손을 들고 '적그리스도가 만왕의 왕이요 만주의 주'라고 하나님께 맹세하라."라고 하면, 손을 내린 채로 "예수 그리스도만이 주님이시다."라고 고백해야 한다.</u>

대환란 때에는 그 고백이 친구나, 직장 상사, 심지어 부모에게 대항하는 길에서 있는 것일지라도 그렇게 해야 한다. 대환란 때 왕국 복음으로 인한 대립은 필연적이다(<u>마 10:34-39, 미 7:6</u>). 대환란 때에는 성경으로 인해 직장을 잃을 수도 있고, 믿음에 대한 확신 때문에 재산을 잃을 수도 있으며, 예수 그리스도로 인해 목숨을 잃을 수도 있다. **<u>대환란 때에는 하나님과 성경 외에 어떤 것도 관심을 둬서는 안 된다.</u>** 오직 적그리스도를 피하고, 적그리스도를 대항하여 짐승의 표나 숫자를 받지 않고 목베임을 당하는 순교를 자처하는 것에만 온 마음을 쏟아야 한다. 그렇지 않고서는 절대로 하늘나라에 들어갈 수 없다.

『또 내가 보좌들을 보니, 그들이 그 위에 앉았는데 심판이 그들에게 주어졌더라. 또 예수에 대한 증거와 하나님의 말씀으로 인하여 목베임을 당한 사람들의 혼들도 보았는데, 그들은 그 짐승에게나 그 형상에게 경배하지 아니하였을 뿐만 아니라 그의 표를 그들의 이마 위에나 손에도 받지 아니하였더라. 그러므로 그들은 살아서 그리스도와 함께 천 년을 통치하더라』(계 20:4).

유대인들을 지원하라

1. <u>예수님께서 재림하시면 모든 민족들은 "민족들의 심판"을 받게 된다.</u>

『인자가 그의 영광 중에 오고, 또 모든 거룩한 천사들이 그와 함께 오면 그때에 그가 그의 영광의 보좌에 앉으리니 그 앞에 모든 민족들을 모아 놓고 마치 목자가 양들을 염소들에서 갈라놓듯이 그들을 따로 갈라놓으리라』(마 25:31,32).

2. <u>이방인은 예수님의 형제인 "유대인"을 어떻게 대우했는가에 따라 심판받는다(마 25:40,45)</u>.

적그리스도는 히틀러보다 열 배는 더 악할 것이다. 처음에는 이스라엘 민족과 평화조약을 협상하지만(사 28:15), 3년 반 후에는 그 언약을 깨뜨리고 유대인을 파멸시키려고 혈안이 될 것이다(단 9:27, 막 13:13-25, 마 24:4-51). **<u>그리고 이방인들은 무슨 일이 있어도 적그리스도가 유대인을 대학살하는 것을 돕는 일에 가담해서는 안 된다</u>**. 왜냐하면 유대인이 도피하는 것을 방해하는 사람은 누구나 주님께 심판받기 때문이다.

『너는 네거리에 서서 그의 도피하는 자들을 차단하지도 말았어야 했으며 너는 고난의 날에 남아 있었던 자들을 넘겨주지도 말았어야 했느니라. 주의 날이 모든 이방 위에 가까우니 네가 행했던 대로 네게 행해지리라. 네 보응이 네 자신의 머리로 돌아가리라』(옵 1:14,15).

대환란 때의 이방인은 언제든지 유대인을 도와야 한다. 정부와 국가종교에 대항하고, 유대인의 생명을 구하기 위해 기꺼이 당신 자신과 가족의 생명까지도 희생해야 한다. 왜냐하면 유대인들은 하나님의 백성이고 하나님께서 그들에게 그들의 조상 아브라함을 통해 복을 주셨기 때문이다.

> 『너를 축복하는 자들에게 내가 복을 주고 너를 저주하는 자를 저주하리라. 네 안에서 땅의 모든 족속들이 복을 받을 것이라." 하셨더라』(창 12:3).

그 후 하나님께서는 이스라엘 민족에게 이렇게 말씀하셨다. 『**보라, 네게 노했던 모든 자들이 수치와 욕을 당하리라. 그들은 하찮은 것같이 될 것이요, 너와 싸우는 자들은 망하리라**』(사 41:11). 말하자면 대환란 때의 구원은 유대인을 대하는 태도에 달려 있는 것이다.

만일 표를 받았다면...

대환란 때 "짐승의 표"를 받거나 그의 형상을 경배하는 사람에게는 "심한 헌데"가 생기는데(계 16:2), 그런 사람들이라 해도 "두 증인"인 모세와 엘리야의 증거에 귀를 기울이고 "죄들을 사함받은 것으로 인하여 침례를 받는다면"(행 2:38) 질병에서 깨끗해질 가능성이 있다. 구약에서 이것을 예표해 주는 사람이 시리아의 군대 대장 나아만인데(왕하 5장), 그는 문둥병을 치유받기 위해서 "일곱 번의 침례"를 받았다. "한 번"의 침례는 "대환란의 일 년"을 나타내며, 이 점은 대환란 때의 물침례가 사람을 "육체의 더러움"에서 깨끗게 할 수 있음을 암시한다. 교회 시대에는 물침례가 구원의 모형에 불과하지만, 율법의 효력이 다시 발생하는 대환란 때가 되면 "육체의 더러움을 제거하는" 침례의 본래 목적이 되살아날 것이다.

- 『물은 예수 그리스도의 부활하심으로 인하여 이제 우리를 구원하는 모형이니, 곧 침례라. (이것은 육체의 더러움을 제거하는 것이 아니라 하나님을 향한 선한 양심의 응답이라.)』(벧전 3:21).
- 『너는 그들에게 이렇게 행하여 그들을 깨끗게 하되, 그들 위에 정결의 물을 뿌리고 그들로 자신의 온 몸을 삭도로 밀게 하고 자신의 옷을 빨게 하여 스스로 깨끗게 하도록 하라』(민 8:7).

대환란 때 물침례는 "육체의 더러움," 곧 문둥병을 제거하는 수단이 될 것이다. 짐승의 표를 받은 사람들이 헌데를 치유할 수 있는 유일한 방법은, 회개를 상징하는 굵은 베옷을 입은 모세와 엘리야의 설교를 듣고(계 11:3) **회개하여 유대교로 개종하고, "죄사함 받은 것을 인하여 예수 그리스도의 이름으로 침례를 받는 것"이다**(행 2:38).

■ 새롭게 깨달았거나 적용할 내용이 있다면 적어 보세요. ■

제4과
복습문제

1. 휴거의 기회를 놓쳐 버렸다면 지상에 머무르며 환란을 (   )까지 견디는 것밖에는 기회가 없다.

2. "대환란" 시대의 구원 계획은 예수 그리스도를 믿는 믿음에 (   )가 더해져야 한다.

3. 대환란 때 (   )의 표를 받는 사람은 누구나 (   )에 간다.

4. 대환란 때 구원받으려면 죽음을 불사하는 (   )가 되어야 한다.

5. 대환란 때 구원받으려면 적그리스도에게 고난받는 (   )을 언제든지 도와야 한다.

■ 복습 문제의 정답은 홈페이지(www.solomonbtc.org)에서 확인할 수 있습니다.

■ 새롭게 깨달았거나 적용할 내용이 있다면 적어 보세요. ■

NOTES

제5과

천년왕국에는 누가 들어가는가?

『첫 번째 부활에 참여하는 자는 복되고 거룩하도다. 둘째 사망이 그들을 다스리는 권세가 없고, 오히려 그들이 하나님과 그리스도의 제사장들이 되어 천 년 동안 그와 함께 통치하리라』 (계 20:6).

성경에 제시된 천년왕국의 모습

시편 104편에서는 "천년왕국"을 다음과 같이 묘사하고 있다. **『주께서 주의 영을 보내시어 그들이 창조되었으니 주께서 지면을 새롭게 하시나이다. 주의 영광은 영원토록 지속되리니 주께서 자기의 작품들을 기뻐하시리로다』**(30,31절). 하나님께서 지면을 새롭게 하시는 것은 천년왕국 시대에 일어날 일이며, 주님의 영광이 영원히 지속되고 주님께서 그분의 작품들을 기뻐하시는 것은 주님의 천년왕국 통치를 의미한다. **『그가 땅을 바라보시니 땅이 진동하고 그가 산들을 만지시니 그것들이 연기를 내는도다』**(32절). 이 구절 역시 주님의 재림을 묘사한다. **『죄인들은 땅에서 소멸될지어다』**(35절). 인류 역사상 지구상에서 죄인들이 소멸되는 때는 전무후무하다. 이것은 천년왕국이라는 새 시대가 아니면 절대로 불가능한 일이다. **『악인들은 더 이상 있지 못할지어다』**(35절). 천년왕국 때는 예수 그리스도께서 이 땅을 통치하시기 때문에 악인들이 있을 수 없다. 죄인들이 땅에서 소멸되고 악인들이 더 이상 존재하지 않는 새로운 세상! 사탄의 미혹이 존재하지 않는 새로운 시대! 생각만 해도 전율이 느껴진다. 그래서 시편의 저자는 이렇게 외친다. **『오 내 혼아, 너는 주를 송축하라. 너희는 주를 찬양할지어다』**(35절). 여러분도 한번 이렇게 큰소리로 외쳐 보라!(피터 럭크만의 주석서 〈에스겔〉 pp. 591,592).

천년왕국에는 누가 들어가는가?

1. 만왕의 왕이시요, 만주의 주이신 "주 예수 그리스도"

『오 너희 문들아, 너희 머리를 들라. 너희 영원한 문들아, 너희는 들어올려질지라. 그리하면 영광의 왕께서 들어오시리라. 이 영광의 왕이 누구신가? 강하고 능력 있으신 **주**시며 전쟁에 능력 있으신 **주**시로다... 이 영광의 왕이 누구신가? 만군의 **주**시니 그는 영광의 왕이시로다. 셀라』(시 24:7,8,10).

셋째 하늘에서 어린양의 혼인식을 마치신 "**신랑**," 곧 예수 그리스도께서는 천년왕국에서 철장으로 통치하실 "**만왕의 왕**"으로서 이 땅에 내려오시고, 그렇게 영광스럽게 재림하실 때 세상 나라들은 우리 주님과 그의 그리스도의 왕국들이 되어 의와 화평으로 다스려지는 "**천년왕국의 통치**"가 이 땅에서 실현된다(계 11:15,17).

2. 재림 때 "셋째 하늘에서 이 땅으로 내려와" 천년왕국으로 들어가는 사람들

먼저 교회 시대에 성령으로 거듭난 그리스도인들이 천년왕국에 들어간다. 그들은 예수 그리스도의 몸이자 그분의 "**신부**"이다. 그리고 "**하나님의 상속자들**"[1]이자 "**그리스도와 함께한 공동 상속자들**"[2]로서(롬 8:17) 왕이신 예수 그

1) "하나님의 상속자들"이라는 것은 하나님의 아들들이기 때문에 자동으로 상속받는 유업과 연관이 있는데, 곧 새 예루살렘(벧전 1:4, 갈 4:26)과 구속받은 몸(롬

리스도와 함께 천년왕국에서 "왕들"로 통치하게 된다(계 1:6; 5:9,10).

또한 환란 시대에 구원받은 환란 성도들도 천년왕국에 들어간다. 먼저 **유대인 환란 성도들**은 "두 증인"(모세와 엘리야, 계 11:1-12)과 144,000명의 "동정들"(virgins, 계 7:1-8; 14:1-5)로 대표되며, "현명한 처녀들"(마 25:9,10)로도 불린다. 천년왕국에서 아브라함의 언약을 통해 이스라엘에 약속된 "팔레스타인 땅"을 통치할 뿐만 아니라 영원 세계에서도 "영원한 왕국"을 상속받는다(단 7:18,22). 한편 **이방인 환란 성도들**은 환란 기간에 자기들의 옷을 순교를 통해 예수 그리스도의 피로 씻어 희게 한 사람들로서(계 7:9-17) 예수님과 함께 이 땅으로 내려와 천년왕국으로 들어간다. "환란 성도들"은 환란 시대가 끝나기 얼마 전에 셋째 하늘로 휴거되어(환란 성도들의 휴거) 어린양의 혼인식에 "**신랑을 수행하는 들러리**"(유대인 환란 성도들, 『**신혼방의 아이들**』 - 마 9:15, 막 2:19, 눅 5:34) 또는 "**손님들**"(이방인 환란 성도들, 마 22:10,11)로 참석했다가 재림 때 이 땅으로 내려와 천년왕국으로 들어간다.

> 환란 성도들은 순교하고 부활하여 휴거되며, 천년왕국에서 통치한다는 공통된 특징을 갖고 있다(계 20:4). 『**또 내가 보좌들을 보니, 그들이 그 위에 앉았는데 심판이 그들에게 주어졌더라. 또 예수에 대한 증거와 하나님의 말씀으로 인하여 목베임을 당한 사람들의 혼들도 보았는데, 그들은 그 짐승에게나 그 형상에게 경배하지 아니하였을 뿐만 아니라 그의 표를 그들의 이마 위에나 손에도 받지 아니하였더라. 그러므로 그들은 살아서 그리스도와 함께 천 년을 통치하더라**』(계 20:4).

8:23)을 상속받는다.

2) "그리스도와 함께한 공동 상속자들"이라는 것은 인내로 고난과 박해를 견디는 가운데 신실하게 섬긴 것에 대한 보상으로 주어지는 유업과 연관이 있는데, 즉 그리스도와 함께 고난을 받았는가 그렇지 않았는가에 따라 천년왕국에서 통치할 땅과 성읍이 결정되는 것이다(딤후 2:10-12, 눅 19:17, 골 3:24).

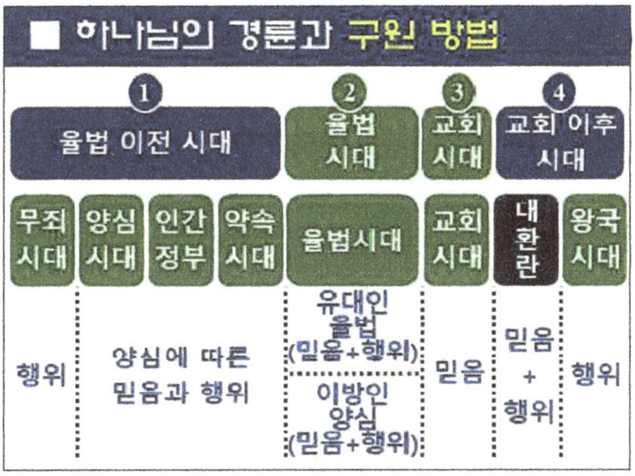

그리고 구약 시대에 구원받은 구약 성도들도 천년왕국에 들어간다. 먼저 율법 시대에 구원받은 유대인 성도들인데 예수 그리스도께서 부활하셨을 때 구약의 "많은 성도들"이 함께 부활했다(마 27:52). 이때 부활하지 못한 구약 성도들은 환란 성도들이 부활할 때 부활하게 될 가능성이 높다(겔 37:1-14). 『**주의 죽은 자들은 살아나리니 그들이 나의 죽은 몸과 함께 일어나리이다. 흙에 거하는 너희는 깨어서 노래하라. 주의 이슬은 수풀의 이슬 같으니 땅이 죽은 자들을 던져 버릴 것임이니이다**』(사 26:19). 이들은 셋째 하늘에서 거행될 어린양의 혼인식에서 "신랑의 친구들"(요 3:29)로 참석했다가 재림 때 이 땅으로 내려와 천년왕국으로 들어간다. 율법 시대에 양심에 따른 행위를 통해 구원받은 이방인 성도들과 율법 시대 이전에 구원받은 성도들(아벨, 셋, 노아, 에녹, 아브라함, 이삭, 야곱, 요셉 등) 또한 천년왕국에 들어간다.

■ 어린양의 혼인식에 참여하게 될 "하나님의 가족"(엡 2:19; 3:15) ■			
하나님의 가족		시편 45:8-17	솔로몬의 노래 6:8-10
신랑	예수 그리스도	왕(9절)	신랑(솔 3:11)
신부	교회	왕비(9절), 왕의 딸(13절)	비둘기, 외동딸(9절)
하객들	율법 시대 이전에 구원받은 성도들	왕들의 딸들(9절)	왕후들(9절)

<table>
<tr><th colspan="4">■ 어린양의 혼인식에 참여하게 될 "하나님의 가족"(엡 2:19; 3:15) ■</th></tr>
<tr><th colspan="2">하나님의 가족</th><th>시편 45:8-17</th><th>솔로몬의 노래 6:8-10</th></tr>
<tr><td rowspan="4">하객들</td><td>율법 시대에 구원받은 유대인들</td><td colspan="2">신랑의 친구(요 3:29)</td></tr>
<tr><td>율법 시대에 구원받은 이방인들</td><td>왕의 궁녀들(9절)
투로의 딸(12절)</td><td>후궁들(9절)</td></tr>
<tr><td>환란 시대에 구원받은 유대인들</td><td>동료 처녀들(14절)
신혼방의 아이들(마 9:15)</td><td>셀 수도 없이 많은 처녀들(8절)</td></tr>
<tr><td>환란 시대에 구원받은 이방인들</td><td colspan="2">손님들(마 22:11)</td></tr>
<tr><td colspan="4">"천년왕국 때 구원받은 성도들도 하나님의 가족이지만
어린양의 혼인식에는 참석하지 못한다."</td></tr>
</table>

천년왕국 기간에 구원받은 성도들(재림 이후에 등장하는 부류로서 어린양의 혼인식에는 참석하지 못함)을 제외한 모든 가족은 "첫 번째 부활"(구약 성도들의 부활, 그리스도인들의 부활, 환란 성도들의 부활)에 참여함으로써(계 20:5,6) "어린양의 혼인식"에 참여하게 된다. 이후 재림 때 지상으로 내려와 천년왕국으로 들어가게 된다.

3. 재림 때 "환란 끝까지 지상에 살아남아 있다가" 천년왕국으로 들어가는 사람들

환란 시대에 휴거되지 못한 유대인 성도들이 있다. 환란 시대 끝 무렵에 휴거되지는 못했어도 그 이후 환란 시대 끝까지 인내로 견뎌 낸 "유대인 환란 성도들"로서 그들 역시 천년왕국으로 들어간다(눅 12:35-40, 계 14:12, 마 24:13, 마 25:14-30 - "달란트의 비유," 마 22:11-13). 그리고 환란 시대에 휴거되지 못한 이방인들도 있다. 환란 기간에 "어떤 연유로든지" 살아남아서 천년왕국으로 유입되는 이방인들이 있다. 그 중 한 부류는 "양의 민족"으로 분류되는 이방인들이다. 환란 기간에 짐승의 표를 받지 않는 가운데 유대인들을 잘 대접하고 돌보아 주었다는 이유로 "양"으로 분류되어 천년왕국에 들어간다(마 25:31-46 - "민족들의 심판"). 나머지 다른 부류는 적그리스도의 손을 피해 용케도 살아남은 이방인들(단 11:41)이다. 이들은 짐승의 표를 받지 않고도 적그리스도에게 들키지 않고 살아남은 이방인들이다.

하나님께서는 언제나 신실하시고, 진실하신 분으로서 태초에 시작하신 왕국에 관한 계획을 이제 곧 끝마치실 것이다. 우주의 그 어떤 존재도, 지상의 그 어떤 인간도 하나님의 계획을 저지시키지 못한다. 오히려 하나님께서는 성경의 증거와 예언과 인류의 문제에 관한 해결책을 받아들이지 않는 모든 인간을 무시해 버리신다. 이것이 바로 인간이 그토록 성경을 증오하고 미워하는 이유이다. 또한 이것이 인간들이 성경의 길을 제외하고는 그 어떤 길이라도 가려고 하는 이유이다. 성경이 사람들을 대적하기 때문에 사람들은 성경을 대적한다. 그러나 결국은 주님께서 승리하실 것이다. 『그분의 통치권은 영원한 통치권이요 그분의 왕국은 대대에 이르리로다. 땅의 모든 거민은 아무것도 아닌 것으로 여겨지나, 그분께서는 하늘의 군대에 있어서나 땅의 거민 가운데서나 자신의 뜻에 따라 행하시나니, 그분의 손을 치거나 그분께 말하기를 '당신은 무엇을 하는가?' 할 자가 아무도 없느니라』 (단 4:34,35).

< 추 천 도 서 >

휴거 이후에 있을 일들

피터 S. 럭크만 지음

192쪽 / 10,000원(eBook 7,000원)

휴거와 재림 때에 믿는 자와 믿지 않는 자들에게 각각 닥칠 일들에 대해서 사실적인 묘사로 설명해 주며, 재림의 경로 등 다소 심도 깊은 내용도 담고 있다.

잊혀진 진리들

로버트 앤더슨 지음 / 152쪽

3,500원(eBook 2,900원)

주님께서 다시 오신다 약속하시고 승천하신 지 2천 년이 되었건만 아직 주님은 오시지 않았다. 하지만 머지않아 그 약속의 성취를 모두가 목도하게 될 것이다.

열린 성경 닫힌 마음

이송오 지음 / 216쪽

7,000원(eBook 4,900원)

이 책은 성경에 대해 닫혀 있는 눈과 마음을 뜨게 해 주어, 성경을 어떻게 올바로 나누어 볼지 알게 해 주며, 궁극적으로는 진리와 오류를 분별할 수 있도록 해 준다.

눈 깜짝할 사이가 지난 후

노아 허칭스 지음

40쪽 / 1,200원(eBook 900원)

현재 우리 주위에서 일어나고 있는 사건들은 우리 주님께서 다시 돌아오실 때가 심히 가까웠다는 것을 말해 준다. 이 책은 마지막 날에 있을 일들에 대한 대담형식의 글이다.

솔로몬 성경공부 시리즈
휴거를 대비하라

초판1쇄 2022년 1월 7일
초판2쇄 2022년 10월 28일
지 은 이 / 편 집 부
발 행 인 / 박 승 용
발 행 처 / 말씀보존학회
출판등록 / 제409-2022-000036호
주 소 / 서울시 강서우체국 사서함 제90호
전 화 / (02) 2665 - 3743
팩 스 / (02) 2665 - 3302
인 터 넷 / www.biblemaster.co.kr

값 5,000 원